जयशंकर प्रसा[द]

जन्म : 30 जनवरी 1890, वाराणसी (उ.प्र.)।

स्कूली शिक्षा मात्र आठवीं कक्षा तक। तत्पश्चात् घर पर ही संस्कृत, अंग्रेजी, पालि और प्राकृत भाषाओं का अध्ययन। इसके बाद भारतीय इतिहास, संस्कृति, दर्शन, साहित्य और पुराण-कथाओं का एकनिष्ठ स्वाध्याय। पिता देवीप्रसाद तम्बाकू और सुँघनी का व्यवसाय करते थे और वाराणसी में इनका परिवार 'सुँघनी साहू' के नाम से प्रसिद्ध था। पिता के साथ बचपन में ही अनेक ऐतिहासिक और धार्मिक स्थलों की यात्राएँ कीं।

छायावादी कविता के चार प्रमुख उन्नायकों में से एक। एक महान लेखक के रूप में प्रख्यात। विविध रचनाओं के माध्यम से मानवीय करुणा और भारतीय मनीषा के अनेकानेक गौरवपूर्ण पक्षों का उद्‌घाटन। 48 वर्षों के छोटे-से जीवन में कविता, कहानी, नाटक, उपन्यास और आलोचनात्मक निबन्ध आदि विभिन्न विधाओं में रचनाएँ।

प्रमुख रचनाएँ : *झरना, आँसू, लहर, कामायनी* (काव्य); *स्कन्दगुप्त, अजातशत्रु, चन्द्रगुप्त, ध्रुवस्वामिनी, जनमेजय का नागयज्ञ, राज्यश्री* (नाटक); *छाया, प्रतिध्वनि, आकाशदीप, आँधी, इन्द्रजाल* (कहानी-संग्रह); *कंकाल, तितली, इरावती* (उपन्यास)।

14 जनवरी, 1937 को वाराणसी में निधन।

प्रतिनिधि कविताएँ

जयशंकर प्रसाद

राजकमल पेपरबैक्स

राजकमल पेपरबैक्स में
पहला संस्करण : 2001
नौवाँ संस्करण : 2025

राजकमल पेपरबैक्स : उत्कृष्ट साहित्य के जनसुलभ संस्करण

राजकमल प्रकाशन प्रा.लि.
1-बी, नेताजी सुभाष मार्ग, दरियागंज
नई दिल्ली-110 002

शाखाएँ : अशोक राजपथ, साइंस कॉलेज के सामने, पटना-800 006
पहली मंजिल, दरबारी बिल्डिंग, महात्मा गांधी मार्ग, प्रयागराज-211 001
1, अनमोल सोराबजी संतुक लेन, धोबी तलाव, मरीन लाइंस, मुम्बई-400 002
वेबसाइट : www.rajkamalprakashan.com
ई-मेल : info@rajkamalprakashan.com

बी.के. ऑफसेट
नवीन शाहदरा, दिल्ली-110 002
द्वारा मुद्रित

मूल्य : ₹199

PRATINIDHI KAVITAYEIN
Representative Poems of Jaishankar Prasad

ISBN : 978-81-267-0285-5

क्रम

प्रतिनिधि कविताएँ

जयशंकर प्रसाद

उठ-उठ री लघु-लघु लोल लहर!
करुणा की नव अँगराई-सी,
मलयानिल की परछाईं-सी,
इस सूखे तट पर छिटक छहर!

शीतल कोमल चिर कंपन-सी,
दुर्ललित हठीले बचपन-सी,
तू लौट कहाँ जाती है री–
यह खेल खेल ले ठहर-ठहर!

उठ-उठ गिर-गिर फिर-फिर आती,
नर्तित पद-चिह्न बना जाती,
सिकता की रेखाएँ उभार–
भर जाती अपनी तरल-सिहर!

तू भूल न री, पंकज वन में,
जीवन के इस सूनेपन में,
ओ प्यार-पुलक से भरी ढुलक!
आ चूम पुलिन के विरस अधर!

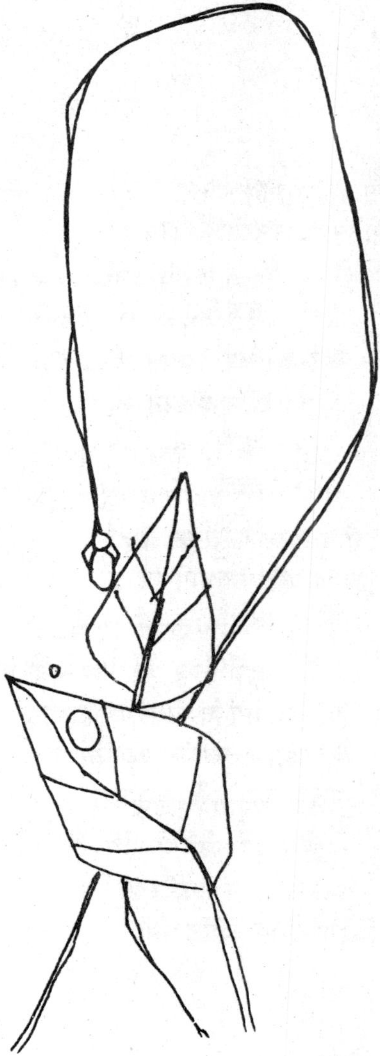

ले चल वहाँ भुलावा देकर,
मेरे नाविक ! धीरे-धीरे ।

जिस निर्जन में सागर-लहरी ।
अंबर के कानों में गहरी–
निश्छल प्रेम-कथा कहती हो,
तज कोलाहल की अवनी रे ।

जहाँ साँझ-सी जीवन छाया,
ढीले अपनी कोमल काया,
नील नयन से ढुलकाती हो,
ताराओं की पाँत घनी रे ।

जिस गंभीर मधुर छाया में–
विश्व चित्र-पट चल माया में–
विभुता विभु-सी पड़े दिखाई,
दुख-सुखवाली सत्य बनी रे ।

श्रम विश्राम क्षितिज वेला से–
जहाँ सृजन करते मेला से–
अमर जागरण उषा नयन से–
बिखराती हो ज्योति घनी रे !

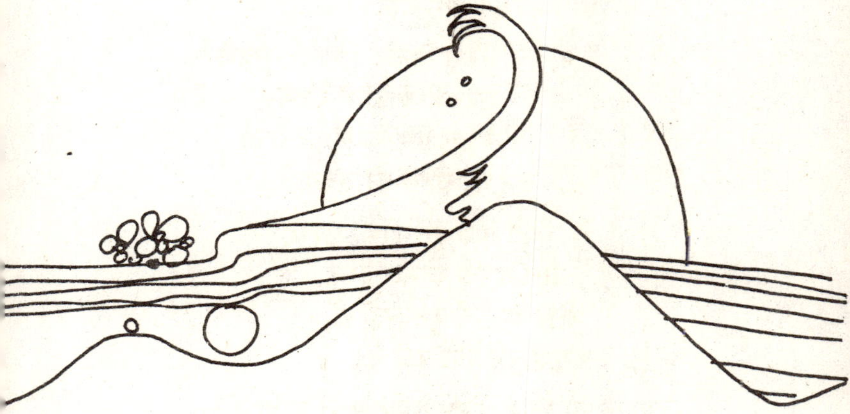

हे सागर संगम अरुण नील!

अतलांत महा गंभीर जलधि–
तजकर अपनी यह नियत अवधि,
लहरों के भीषण हासों में,
आकर खारे उच्छ्वासों में
युग-युग की मधुर कामना के–
बंधन को देता जहाँ ढील।
हे सागर संगम अरुण नील!

पिंगल किरनों-सी मधु-लेखा,
हिमशैल बालिका को तूने कब देखा!
कलरव संगीत सुनाती,
किस अतीत युग की गाथा गाती आती।
आगमन अनंत मिलन बनकर–
बिखराता फेनिल तरल खील।
हे सागर संगम अरुण नील!

आकुल अकूल बनने आती,
अब तक तो है वह आती,
देवलोक की अमृत कथा की माया–
छोड़ हरित कानन की आलस छाया–

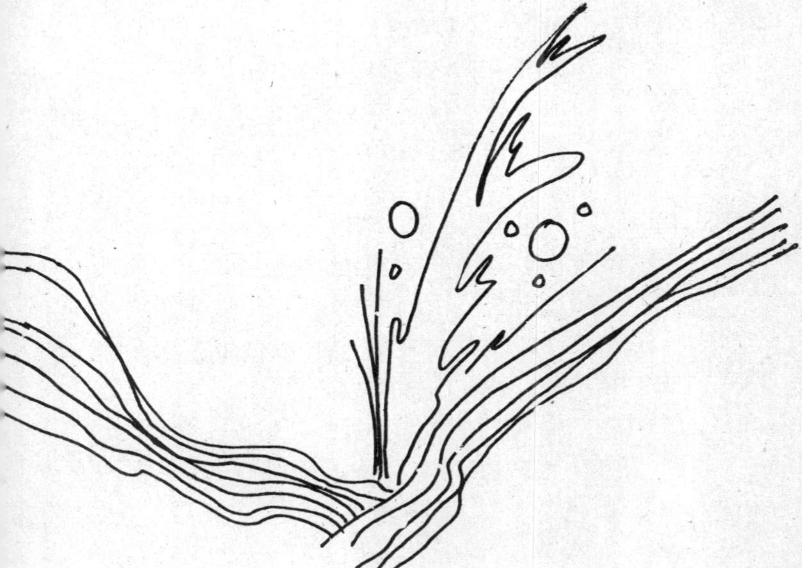

विश्राम माँगती अपना।
जिसका देखा था सपना–
निस्सीम व्योम तल नील अंक में–
अरुण ज्योति की झील बनेगी कब सलील?
हे सागर संगम अरुण नील!

उस दिन जब जीवन के पथ में,
छिन्न पात्र ले कंपित कर में,
मधु-भिक्षा की रटन अधर में,
इस अनजाने निकट नगर में,
आ पहुँचा था एक अकिंचन।

उस दिन जब जीवन के पथ में,
लोगों की आँखें ललचाईं,
स्वयं माँगने को कुछ आईं,
मधु सरिता उफनी अकुलाई,
देने को अपना संचित धन।

उस दिन जब जीवन के पथ में,
फूलों ने पंखुरियाँ खोलीं,
आँखें करने लगीं ठिठोली;
हृदयों ने न सम्हाली झोली,
लुटने लगे विकल पागल मन।

उस दिन जब जीवन के पथ में,
छिन्न पात्र में था भर आता—
वह रस बरबस था न समाता;
स्वयं चकित-सा समझ न पाता
कहाँ छिपा था, ऐसा मधुवन!

उस दिन जब जीवन के पथ में,
मधु-मंगल की वर्षा होती,
काँटों ने भी पहना मोती,
जिसे बटोर रही थी रोती–
आशा, समझ मिला अपना धन।

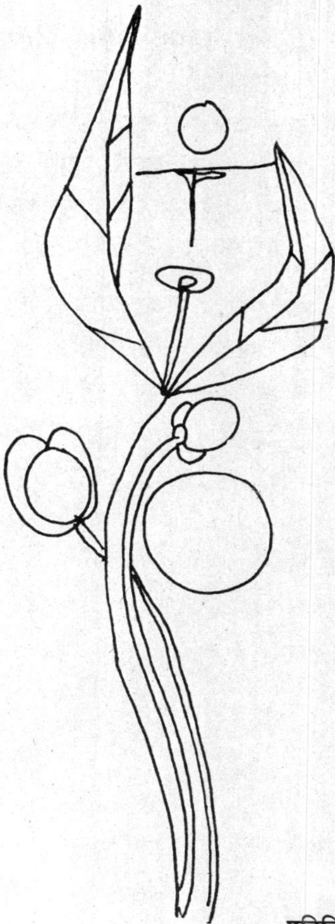

बीती विभावरी जाग री!
अंबर-पनघट में डुबो रही–
तारा-घट ऊषा नागरी।

खग-कुल कुल-कुल-सा बोल रहा,
किसलय का अंचल डोल रहा,
लो यह लतिका भी भर लाई–
मधुमुकुल नवल रस गागरी।

अधरों में राग अमंद पिये,
अलकों में मलयज बंद किये–
तू अब तक सोई है आली–
आँखों में भरे विहाग री!

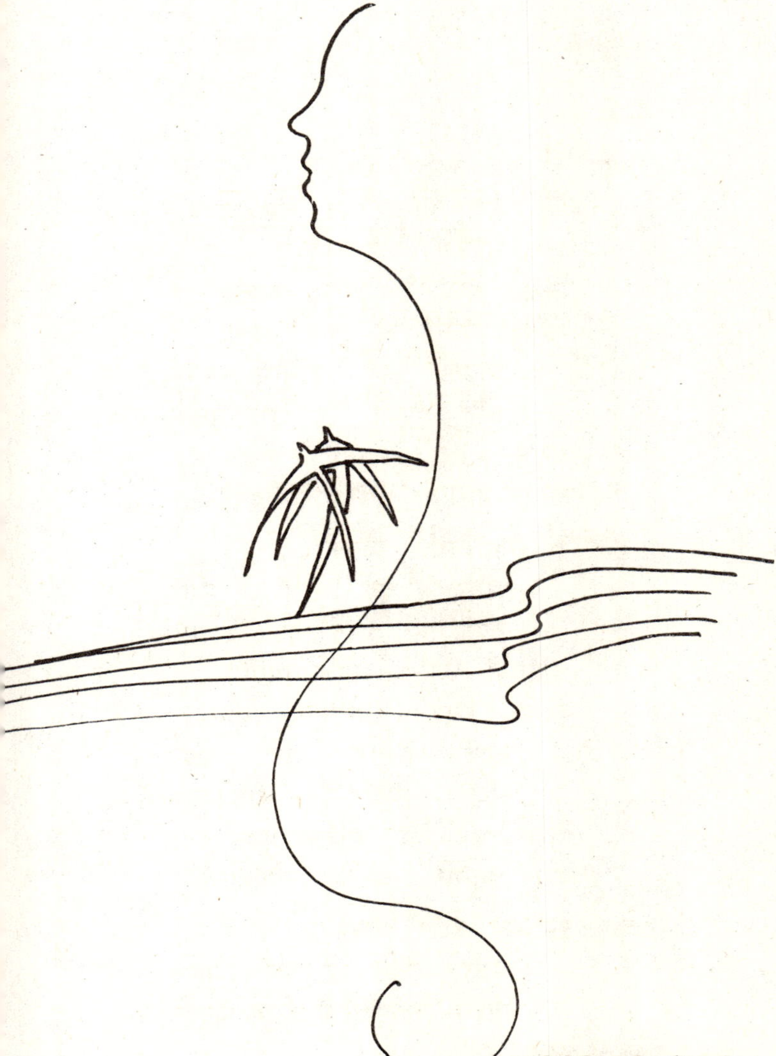

आह रे, वह अधीर यौवन!
मत्त मारुत पर चढ़ उद्भ्रांत,
बरसने ज्यों मदिरा अश्रांत–
सिंधु बेला-सी घन मंडली,
अखिल किरनों को ढँककर चली,
भावना के निस्सीम गगन,
बुद्धि चपला का क्षण नर्तन–
चूमने को अपना जीवन,
चला था वह अधीर यौवन!

आह रे, वह अधीर यौवन!
अधर में वह अधरों की प्यास,
नयन में दर्शन का विश्वास,
धमनियों में आलिंगनमयी–
वेदना लिये व्यथाएँ नयी,
टूटते जिससे सब बंधन,
सरस सीकर-से जीवन-कन,
बिखर भर देते अखिल भुवन,
वही पागल अधीर यौवन!

आह रे, वह अधीर यौवन!
मधुर जीवन के पूर्ण विकास,
विश्व-मधु-ऋतु के कुसुम विकास,

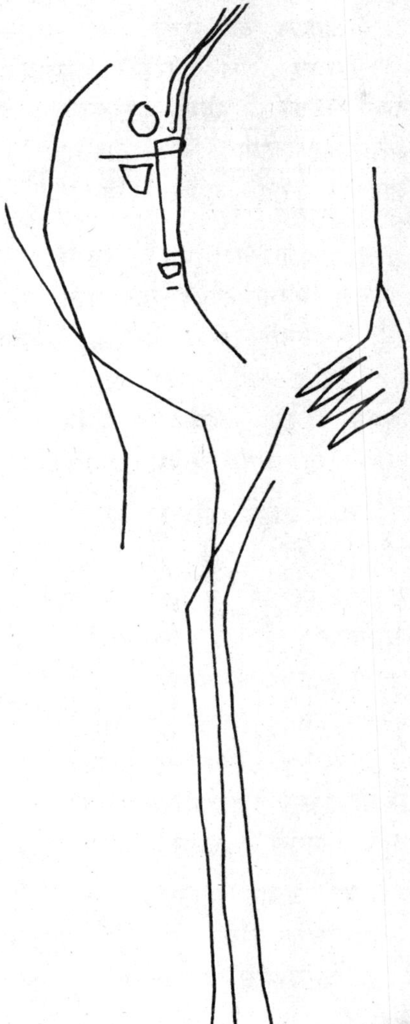

ठहर, भर आँखों देख नयी–
भूमिका अपनी रंगमयी,
अखिल को लघुता आई बन–
समय का सुंदर वातायन,
देखने को अदृष्ट नर्तन।
अरे अभिलाषा के यौवन!
आह रे, वह अधीर यौवन!!

चिर तृषित कंठ से तृप्त-विधुर
वह कौन अकिंचन अति आतुर
अत्यंत तिरस्कृत अर्थ सदृश
ध्वनि कंपित करता बार-बार,
धीरे से वह उठता पुकार–
मुझको न मिला रे कभी प्यार।

सागर लहरों-सा आलिंगन
निष्फल उठकर गिरता प्रतिदिन
जल वैभव है सीमा विहीन
वह रहा एक कन को निहार,
धीरे से वह उठता पुकार–
मुझको न मिला रे कभी प्यार।

अकरुण वसुधा से एक झलक
वह स्मृत मिलने को रहा ललक
जिसके प्रकाश में सकल कर्म
बनते कोमल उज्ज्वल उदार,
धीरे से वह उठता पुकार–
मुझको न मिला रे कभी प्यार।

फैलाती है जब उषा राग
जग कहता है उसका विराग

वंचकता, पीड़ा, घृणा, मोह
मिलकर बिखेरते अंधकार;
धीरे से वह उठता पुकार–
मुझको न मिला रे कभी प्यार।

ढल विरल डालियाँ भरी मुकुल
झुकतीं सौरभ रस लिये अतुल
अपने विषाद-विष में मूर्च्छित
काँटों से बिंधकर बार-बार,
धीरे से वह उठता पुकार–
मुझको न मिला रे कभी प्यार।

जीवन रजनी का अमल इंदु
न मिला स्वाती का एक बिंदु
जो हृदय-सीप में मोती बन
पूरा कर देता लक्षहार,
धीरे से वह उठता पुकार–
मुझको न मिला रे कभी प्यार।

पागल रे! वह मिलता है कब
उसको तो देते ही हैं सब
आँसू के कन-कन से गिनकर
यह विश्व लिये है ऋण उधार,
तू क्यों फिर उठता है पुकार?
मुझको न मिला रे कभी प्यार।

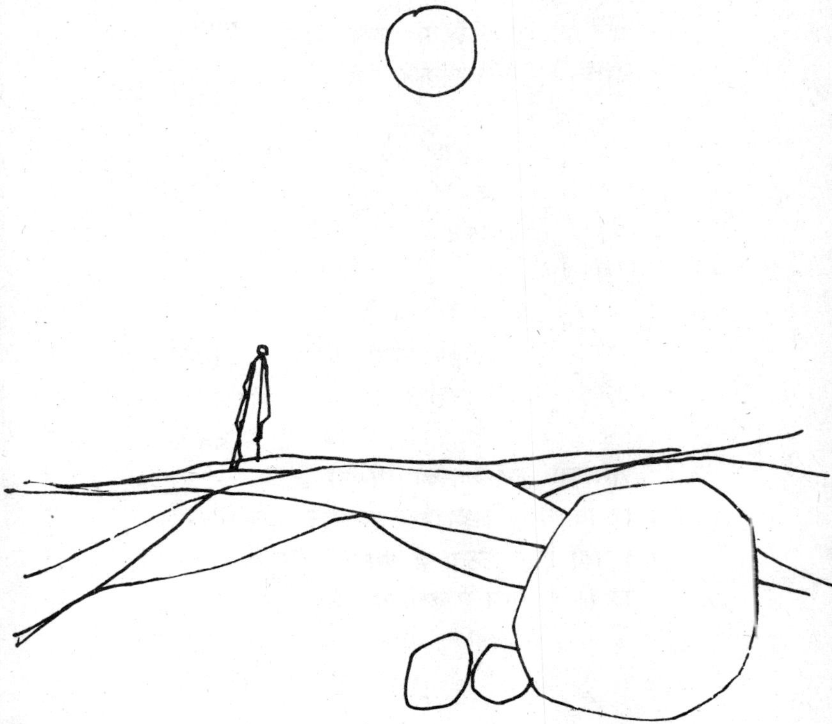

तुम्हारी आँखों का बचपन!
खेलता था जब अल्हड़ खेल,
अजिर के उर में भरा कुलेल,
हारता था हँस-हँसकर मन,
आह रे, वह व्यतीत जीवन!
तुम्हारी आँखों का बचपन!
साथ ले सहचर सरस वसंत,
चंक्रमण करता मधुर दिगंत,
गूँजता किलकारी निस्वन,
पुलक उठता तब मलय-पवन।
तुम्हारी आँखों का बचपन!
स्निग्ध संकेतों में सुकुमार,
बिछल, चल थक जाता तब हार,
छिड़कता अपना गीलापन,
उसी रस में तिरता जीवन।
तुम्हारी आँखों का बचपन!
आज भी है क्या नित्य किशोर–
उसी क्रीड़ा में भाव विभोर–
सरलता का वह अपनापन–
आज भी है क्या मेरा धन!
तुम्हारी आँखों का बचपन!

अब जागो जीवन के प्रभात!

वसुधा पर ओस बने बिखरे
हिमकन आँसू जो क्षोभ भरे
ऊषा बटोरती अरुण गात!

अब जागो जीवन के प्रभात!

तम-नयनों की ताराएँ सब–
मुँद रही किरण दल में हैं अब,
चल रहा सुखद यह मलय वात!

अब जागो जीवन के प्रभात!

रजनी की लाज समेटो तो,
कलरव से उठ कर भेंटो तो,
अरुणांचल में चल रही वात!

जागो अब जीवन के प्रभात!

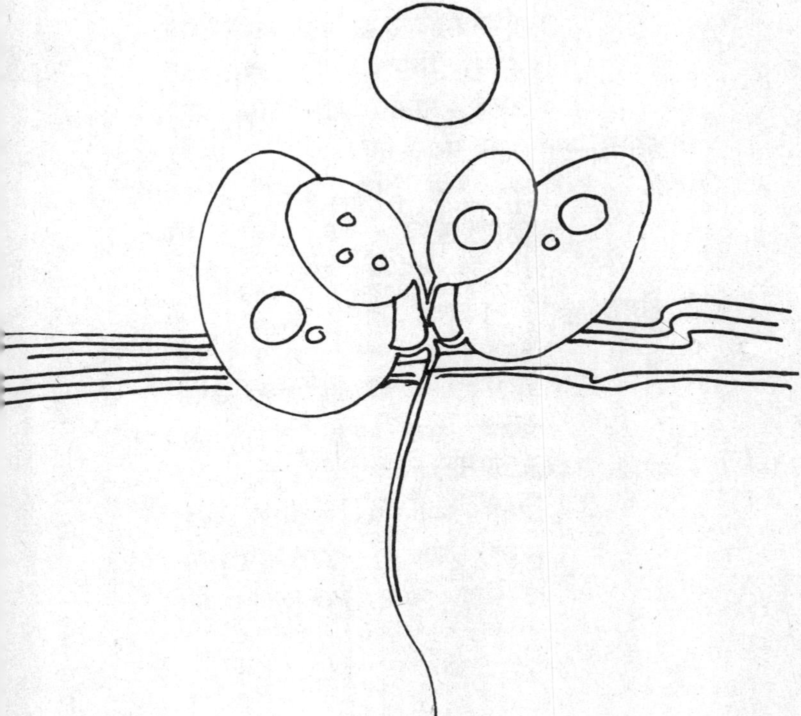

कोमल कुसुमों की मधुर रात!
शशि-शतदल का यह सुख विकास,
जिसमें निर्मल हो रहा हास,
उसकी साँसों का मलय वात!
कोमल कुसुमों की मधुर रात!
वह लाज भरी कलियाँ अनंत,
परिमल-घूँघट ढँक रहा दंत,
कँप-कँप चुप-चुप कर रहीं बात।
कोमल कुसुमों की मधुर रात!
नक्षत्र-कुमुद की अलस माल,
वह शिथिल हँसी का सजल जाल—
जिसमें खिल खुलते किरन पात।
कोमल कुसुमों की मधुर रात!
कितने लघु-लघु कुड्मल अधीर,
गिरते बन शिशिर-सुगंध-नीर,
हो रहा विश्व सुख-पुलक गात!

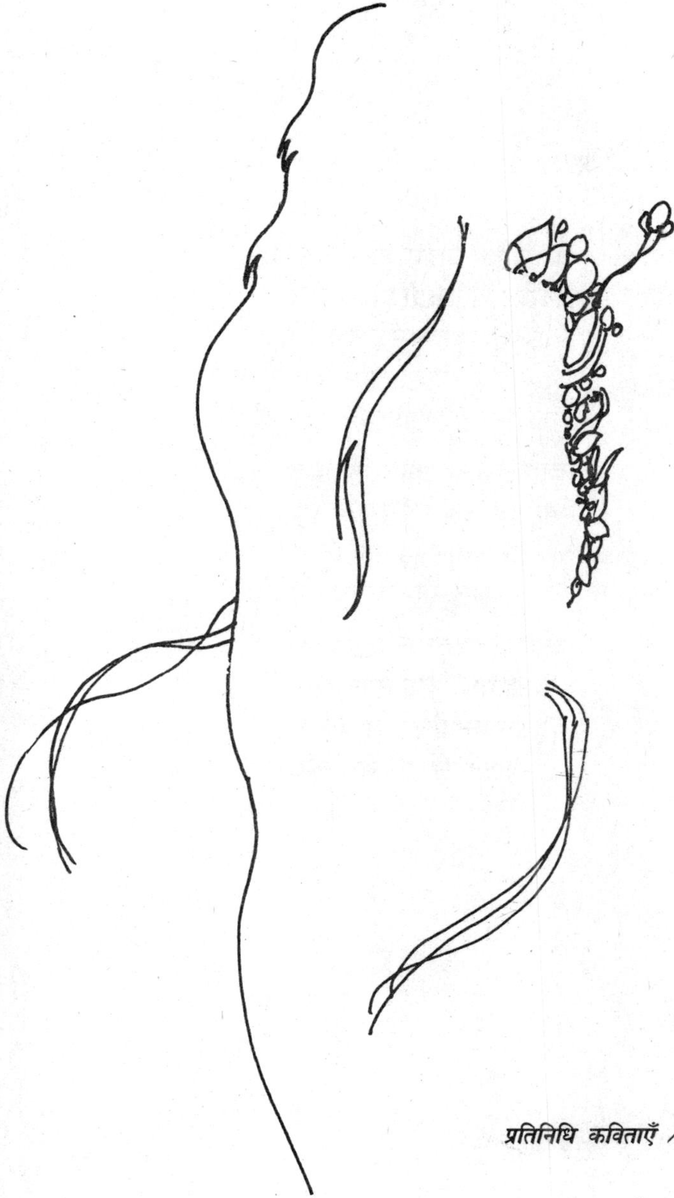

कितने दिन जीवन जल-निधि में—
विकल अनिल से प्रेरित होकर
लहरी, कूल चूमने चलकर
उठती-गिरती-सी रुक-रुककर
सृजन करेगी छवि गति-विधि में!

कितनी मधु-संगीत-निनादित
गाथाएँ निज ले चिर-संचित
तरल तान गावेगी वंचित!
पागल-सी इस पथ निरवधि में!

दिनकर हिमकर तारा के दल
इसके मुकुर वक्ष में निर्मल
चित्र बनाएँगे निज चंचल!
आशा की माधुरी अवधि में!

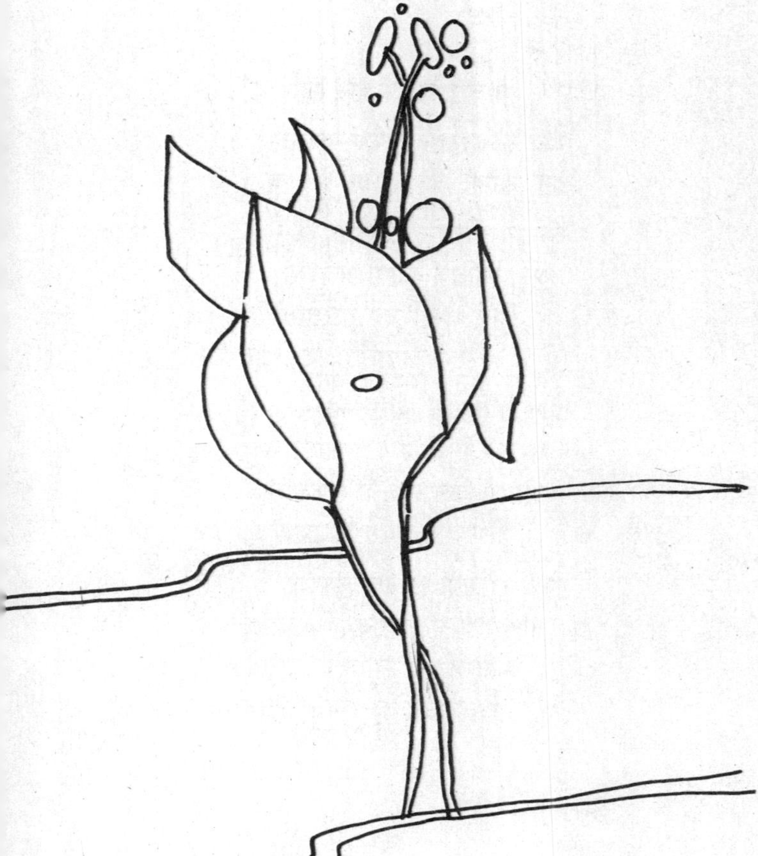

वे कुछ दिन कितने सुंदर थे?

जब सावन-घन सघन-बरसते–
इन आँखों की छाया भर थे!

सुरधनु रंजित नवजलधर से–
भरे, क्षितिज व्यापी अंबर से,
मिले चूमते जब सरिता के,
हरित कूल युग मधुर अधर थे।

प्राण पपीहा के स्वरवाली–
बरस रही थी जब हरियाली–
रस जलकन मालती मुकुल से–
जो मदमाते गंध विधुर थे।

चित्र खींचती थी जब चपला
नील मेघ-पट पर वह विरला,
मेरी जीवन-स्मृति के जिसमें–
खिल उठते वे रूप मधुर थे।

मेरी आँखों की पुतली में
तू बनकर प्रान समा जा रे!

जिससे कन-कन में स्पंदन हो,
मन में मलयानिल चंदन हो,
करुणा का नव अभिनंदन हो–
वह जीवन गीत सुना जा रे!

खिंच जाय अधर पर वह रेखा–
जिसमें अंकित हो मधु लेखा,
जिसको यह विश्व करे देखा,
वह स्मिति का चित्र बना जा रे!

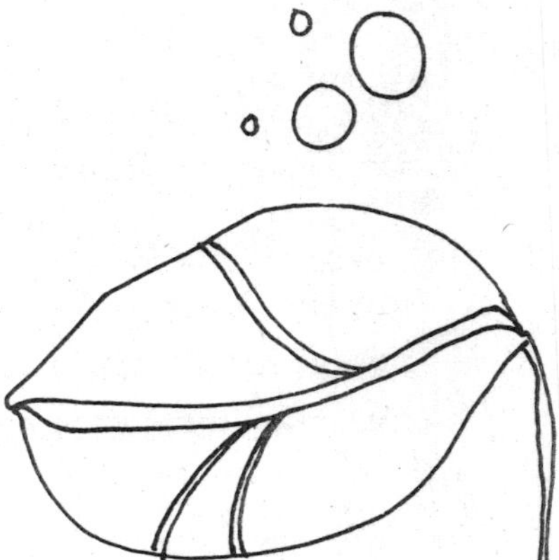

अपलक जगती हो एक रात!

सब सोए हों इस भूतल में,
अपनी निरीहता संबल में
चलती हो कोई भी न बात!

पथ सोये हों हरियाली में,
हों सुमन सो रहे डाली में,
हो अलस उनींदी नखत-पाँत!

नीरव प्रशांति का मौन बना,
चुपके किसलय से बिछल छना;
थकता हो पंथी मलय-वात।

वक्षस्थल में जो छिपे हुए–
सोते हों हृदय अभाव लिए–
उनके स्पप्नों का हो न प्रात।

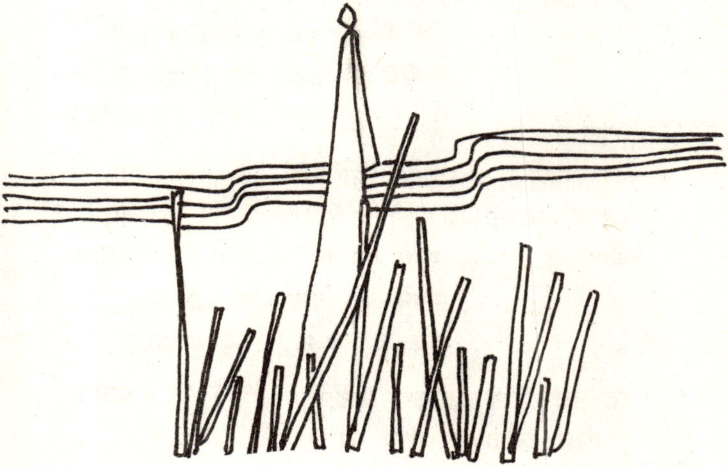

काली आँखों का अंधकार
जब हो जाता है वार-पार
मद पिये अचेतन कलाकार
उन्मीलित करता क्षितिज पार–
वह चित्र! रंग का ले बहार
जिसमें है केवल प्यार प्यार!

केवल स्मितिमय चाँदनी रात,
तारा किरनों से पुलक गात,
मधुपों मुकुलों के चले घात,
आता है चुपके मलय वात,
सपनों के बादल का दुलार।
तब दे जाता है बूँद चार!

तब लहरों-सा उठकर अधीर
तू मधुर व्यथा-सा शून्य चीर,
सूखे किसलय-सा भरा पीर
गिर जा पतझड़ का पा समीर।
पहने छाती पर तरल हार।
पागल पुकार फिर प्यार-प्यार!

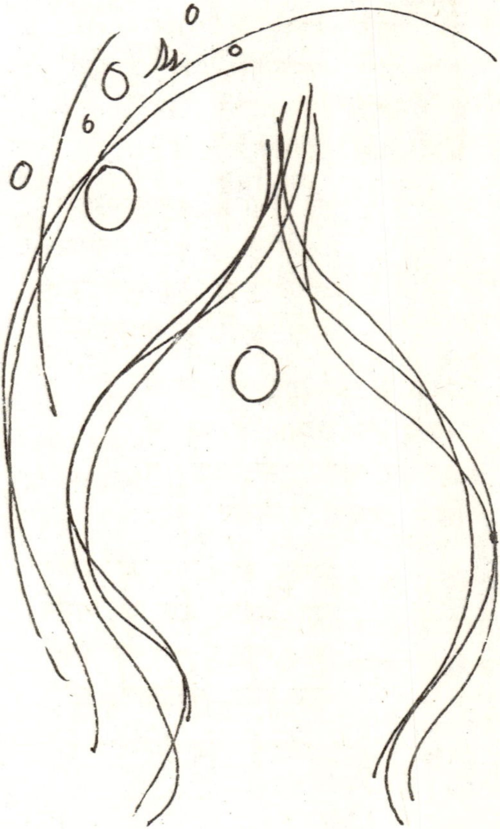

अरे कहीं देखा है तुमने
मुझे प्यार करनेवाले को?
मेरी आँखों में आकर फिर
आँसू बन ढरनेवाले को?

सूने नभ में आग जलाकर
यह सुवर्ण-सा हृदय गलाकर
जीवन संध्या को नहलाकर
रिक्त जलधि भरनेवाले को?

रजनी के लघु-लघु तम कन में
जगती की ऊष्मा के वन में
उस पर पड़ते तुहिन सघन में
छिप, मुझसे डरनेवाले को?

निष्ठुर खेलों पर जो अपने
रहा देखता सुख के सपने
आज लगा है क्या वह कँपने
देख मौन मरनेवाले को?

अरे आ गई है भूली-सी—
यह मधु ऋतु दो दिन को,
छोटी-सी कुटिया मैं रच दूँ,
नई व्यथा साथिन को!

वसुधा नीचे ऊपर नभ हो,
नीड़ अलग सबसे हो,
झाड़खंड के चिर पतझड़ में
भागो सूखे तिनको!

आशा से अंकुर झूलेंगे
पल्लव पुलकित होंगे,
मेरे किसलय का लघु भव यह,
आह, खलेगा किनको?

सिहर भरी कँपती आवेंगी
मलयानिल की लहरें,
चुंबन लेकर और जगाकर—
मानस नयन नलिन को।

जवा कुसुम-सी उषा खिलेगी
मेरी लघु प्राची में,
हँसी भरे उस अरुण अधर का
राग रँगेगा दिन को।

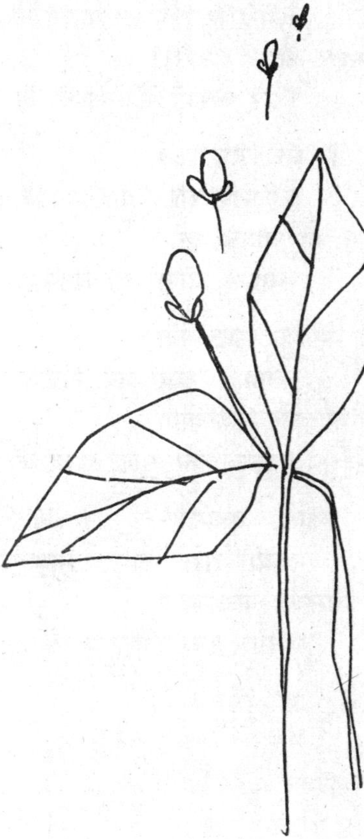

निरधक तूने ठुकराया तब
मेरी टूटी मधु प्याली को,
उसके सूखे अधर माँगते
तेरे चरणों की लाली को।

जीवन-रस के बचे हुए कन,
बिखरे अंबर में आँसू बन,
वही दे रहा था सावन घन–
वसुधा की इस हरियाली को।

निदय हृदय में हूक उठी क्या,
सोकर पहली चूक उठी क्या,
अरे कसक वह कूक उठी क्या,
झंकृत कर सूखी डाली को?

प्राणों के प्यासे मतवाले–
ओ झंझा से चलनेवाले।
ढलें और विस्मृति के प्याले,
सोच न कृति मिटनेवाली को।

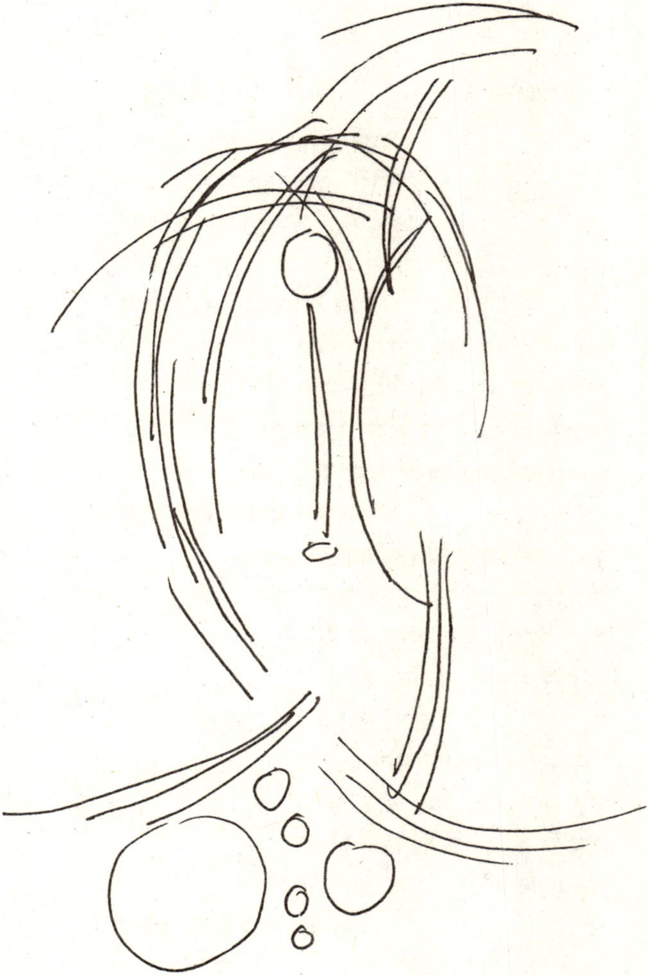

ओ री मानस की गहराई

तू सुप्त, शांत कितनी शीतल–
निर्वात मेघ ज्यों पूरित जल–
नव मुकुर नीलमणि फलक अमल,
ओ पारदर्शिका! चिर चंचल–
यह विश्व बना है परछाईं!

तेरा विषाद द्रव तरल-तरल
मूर्छित न रहे ज्यों पिये गरल
सुख-लहर उठा री सरल-सरल
लघु-लघु सुंदर-सुंदर अविरल,
–तू हँस जीवन की सुघराई!

हँस, झिलमिल हो लें तारागन,
हँस खिलें कुंज में सकल सुमन,
हँस, बिखरें मधु मरंद के कन,
बनकर संसृति के तव श्रम-कन,
–सब कह दें 'वह राका आई!'

हँस ले भय शोक प्रेम या रण,
हँस ले काला पट ओढ़ मरण,
हँस ले जीवन के लघु-लघु क्षण,
देकर निज चुंबन के मधुकण,
नाविक अतीत की उतराई!

तुमुल कोलाहल कलह में
मैं हृदय की बात रे मन!

विकल होकर नित्य चंचल,
खोजती जब नींद के पल;
चेतना थक-सी रही तब,
मैं मलय की वात रे मन!

चिर विषाद विलीन मन की,
इस व्यथा के तिमिर वन की;
मैं उषा-सी ज्योति रेखा,
कुसुम विकसित प्रात रे मन!

जहाँ मरु ज्वाला धधकती,
चातकी कन को तरसती;
उन्हीं जीवन घाटियों की,
मैं सरस बरसात रे मन!

पवन की प्राचीर में रुक,
जला जीवन जी रहा झुक;

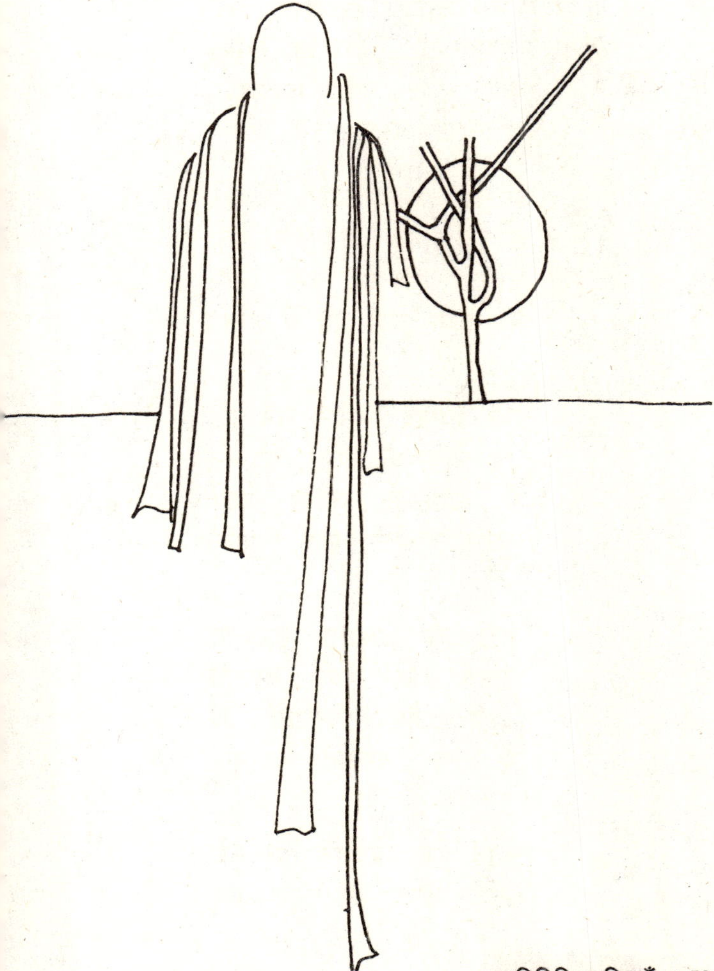

इस झुलसते विश्व-दिन की,
मैं कुसुम-ऋतु रात रे मन!

चिर निराशा नीरधर से,
प्रतिच्छायित अश्रु-सर में;
मधुप मुखर मरंद मुकुलित,
मैं सजल जलजात रे मन!

आह! वेदना मिली विदाई
मैंने भ्रमवश जीवन संचित,
मधुकरियों की भीख लुटाई

छलछल थे संध्या के श्रमकण
आँसू-से गिरते थे प्रतिक्षण
मेरी यात्रा पर लेती थी
नीरवता अनंत अँगड़ाई

श्रमित स्वप्न की मधुमाया में
गहन-विपिन की तरु-छाया में
पथिक उनींदी श्रुति में किसने
यह विहाग की तान उठाई

लगी सतृष्ण दीठ थी सबकी
रही बचाए फिरती कब की
मेरी आशा आह! बावली
तूने खो दी सकल कमाई

चढ़कर मेरे जीवन-रथ पर
प्रलय चल रहा अपने पथ पर
मैंने निज दुर्बल पद-बल पर
उससे हारी-होड़ लगाई

लौटा लो यह अपनी थाती
मेरी करुणा हा-हा खाती
विश्व ! न सँभलेगी यह मुझसे
इसने मन की लाज गँवाई

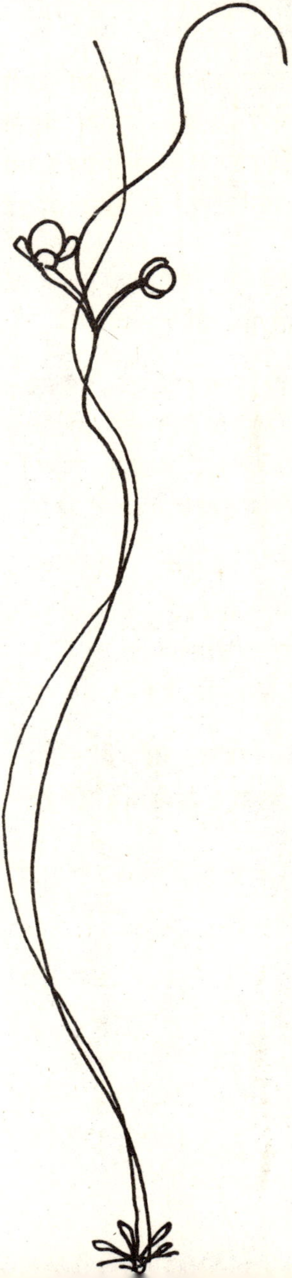

आशा विकल हुई है मेरी,
प्यास बुझी न कभी मन की रे!

दूर हट रहा सरवर शीतल,
हुआ चाहता अब तो ओझल,
झुक जाती हैं पलकें दुर्बल!
ध्वनि सुन न पड़ी नव घन की रे!

ओ बेपीर पीर! हूँ हारी,
जाने दे, हूँ मैं अधमारी,
सिसक रही घायल दुखियारी–
गाँठ भूल जीवन-धन की रे!

आशा विकल हुई है मेरी,
प्यास बुझी न कभी मन की रे!

सम्हाले कोई कैसे प्यार

मचल-मचल उठता है चंचल
भर लाता है आँखों में जल
बिछलन कर, चलता है उस पर

लिये व्यथा का भार

सिसक-सिसक उठता है मन में
किस सुहाग के अपनेपन में
'छुईमुई'-सा होता, हँसता

कितना है सुकुमार

मीड़ मत खिंचे बीन के तार।

निर्दय उँगली! अरी ठहर जा,
पल-भर अनुकंपा से भर जा,
यह मूर्च्छित मूर्च्छना आह-सी
निकलेगी निस्सार।

छेड़-छेड़कर मूक तंत्र को,
विचलित कर मधु मौन मंत्र को—
बिखरा दे मत, शून्य पवन में
लय हो स्वर-संसार।

मसल उठेगी सकरुण वीणा,
किसी हृदय को होगी पीड़ा,
नृत्य करेगी नग्न विकलता
परदे के उस पार।

प्रिय !
संसृति के वे सुंदरतम क्षण यो ही भूल नहीं जाना।
'वह उच्छृंखलता थी अपनी'–कहकर मन मत बहलाना।

मादकता-सी तरल हँसी के प्याले में उठती लहरी।
मेरे निश्वासों से उठकर अधर चूमने को ठहरी।
मैं व्याकुल परिरंभ-मुकुल में बंदी अलि-सा काँप रहा।
छलक उठा प्याला, लहरी में मेरे सुख को माप रहा।
सजग सुप्त सौंदर्य हुआ, हो चपल चलीं भौंहें मिलने।
लीन हो गई लहर, लगे मेरे ही नख छाती छिलने।
श्यामा का नखदान मनोहर मुक्ताओं से ग्रथित रहा।
जीवन के उस पार उड़ाता हँसी, खड़ा मैं चकित रहा।
तुम अपनी निष्ठुर क्रीड़ा के विभ्रम से, बहकाने से।
सुखी हुए फिर लगे देखने मुझे पथिक पहचाने-से।

उस सुख का आलिंगन करने कभी भूलकर आ जाना।
मिलन-क्षितिज-तट मधु-जलनिधि में मृदु हिलकोर उठा जाना।

न छेड़ना उस अतीत स्मृति से
खिंचे हुए बीन-तार कोकिल
करुण रागिनी तड़प उठेगी
सुना न ऐसी पुकार कोकिल।

हृदय धूल में मिला दिया है
उसे चरण-चिह्न-सा किया है
खिले फूल सब गिरा दिया है
न अब बसंती बहार कोकिल

सुनी बहुत आनंद-भैरवी
विगत हो चुकी निशा-माधवी
रही न अब शारदी कैरवी
न तो मघा की फुहार कोकिल।

न खोज पागल मधुर प्रेम को
न तोड़ना और के नेम को
बचा विरह मौन के क्षेम को
कुचाल अपनी सुधार कोकिल।

सब जीवन बीता जाता है
धूप-छाँह के खेल-सदृश
सब जीवन बीता जाता है

समय भागता है प्रतिक्षण में,
नव-अतीत के तुषार-कण में,
हमें लगा कर भविष्य-रण में,
आप कहाँ छिप जाता है
सब जीवन बीता जाता है

बुल्ले, लहर, हवा के झोंके,
मेघ और बिजली के टोंके,
किसका साहस है कुछ रोके,
जीवन का वह नाता है
सब जीवन बीता जाता है

वंशी को बस बज जाने दो,
मीठी मीड़ों को आने दो,
आँख बंद करके गाने दो,
जो कुछ हमको आता है

सब जीवन बीता जाता है

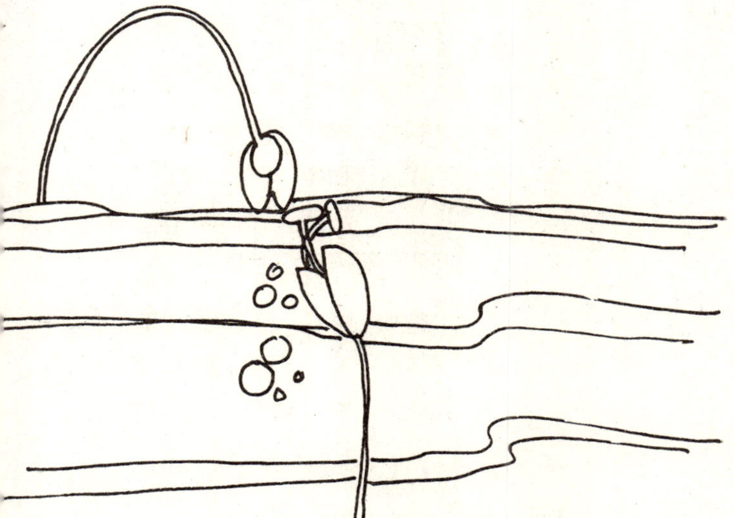

माझी! साहस है खे लोगे!
जर्जर तरी भरी पथिकों से—
झड़ में क्या खोलोगे?

अलस नील-घन की छाया में—
जलजालों की छल-माया में—
अपना बल तोलोगे!

अनजाने तट की मदमाती—
लहरें, क्षितिज चूमती आतीं!
ये झटके झेलोगे?
माझी साहस है खे लोगे?

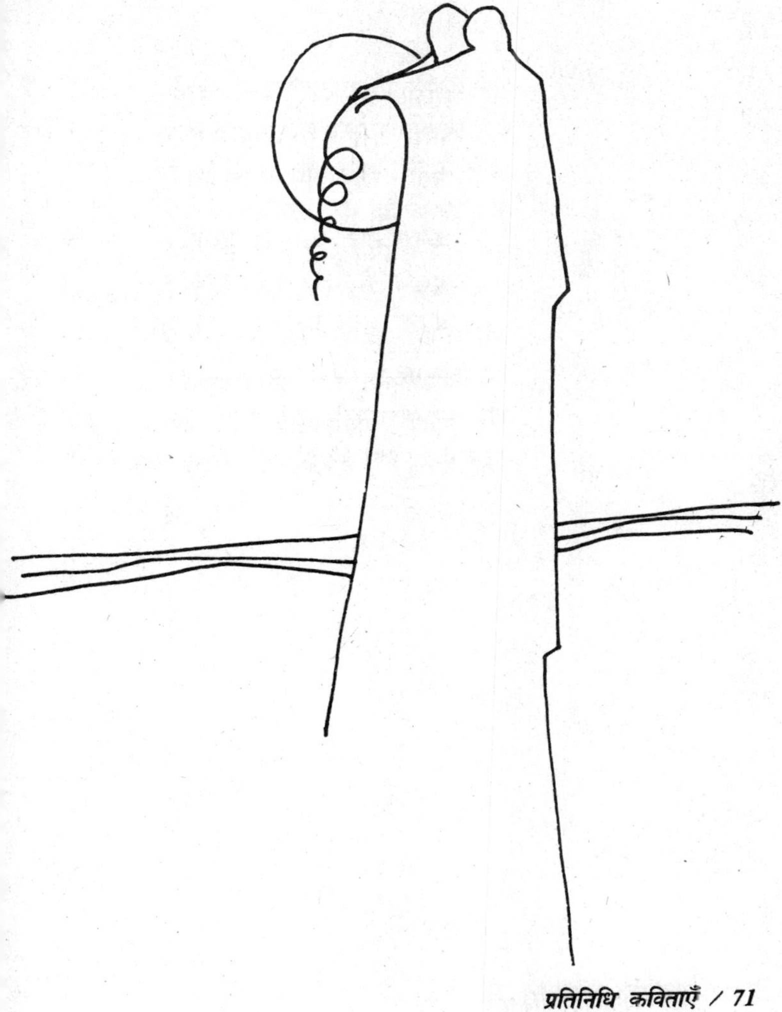

भाव-निधि में लहरियाँ उठतीं तभी,
भूलकर भी जब स्मरण होता कभी।
मधुर मुरली फूँक दी तुमने भला,
नींद मुझको आ चली थी बस अभी।
सब रगों में फिर रही हैं बिजलियाँ,
नील नीरद ! क्या न बरसोगे कभी।
एक झोंका और मलयानिल अहा !
क्षुद्र कलिका है खिली जाती अभी।
कौन मर-मरकर जिएगा इस तरह,
यह समस्या हल न होगी क्या कभी ?

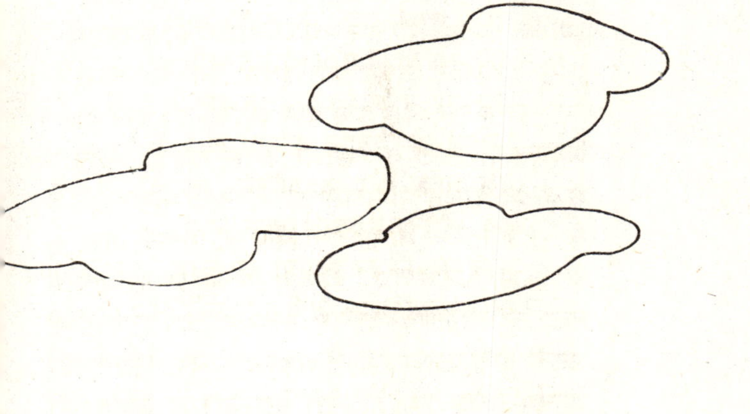

अगरु-धूम की श्याम लहरियाँ उलझी हों इन अलकों से
व्याकुलता लाली के डोरे इधर फँसे हों पलकों से
व्याकुल बिजली-सी तुम मचलो आर्द्र-हृदय घनमाला से
आँसू बरुनी से उलझे हों, अधर प्रेम के प्याला से
इस उदास मन की अभिलाषा अटकी रहे प्रलोभन से
व्याकुलता सौ-सौ बल खाकर उलझ रही हो जीवन से
छवि-प्रकाश-किरणें उलझी हों जीवन के भविष्य तम से
ये लाएँगी रंग सुलालित होने दो कंपन सम से
इस आकुल जीवन की घड़ियाँ इन निष्ठुर आघातों से
बजा करें अगणित यंत्रों से सुख-दुख के अनुपातों से
उखड़ी साँसें उछल रही हों धड़कन से कुछ परिमित हो
अनुनय उलझ रहा हो तीखे तिरस्कार से लांछित हो
यह दुर्बल दीनता रहे उलझी फिर चाहो ठुकराओ
निर्दयता के इन चरणों से, जिसमें तुम भी सुख पाओ

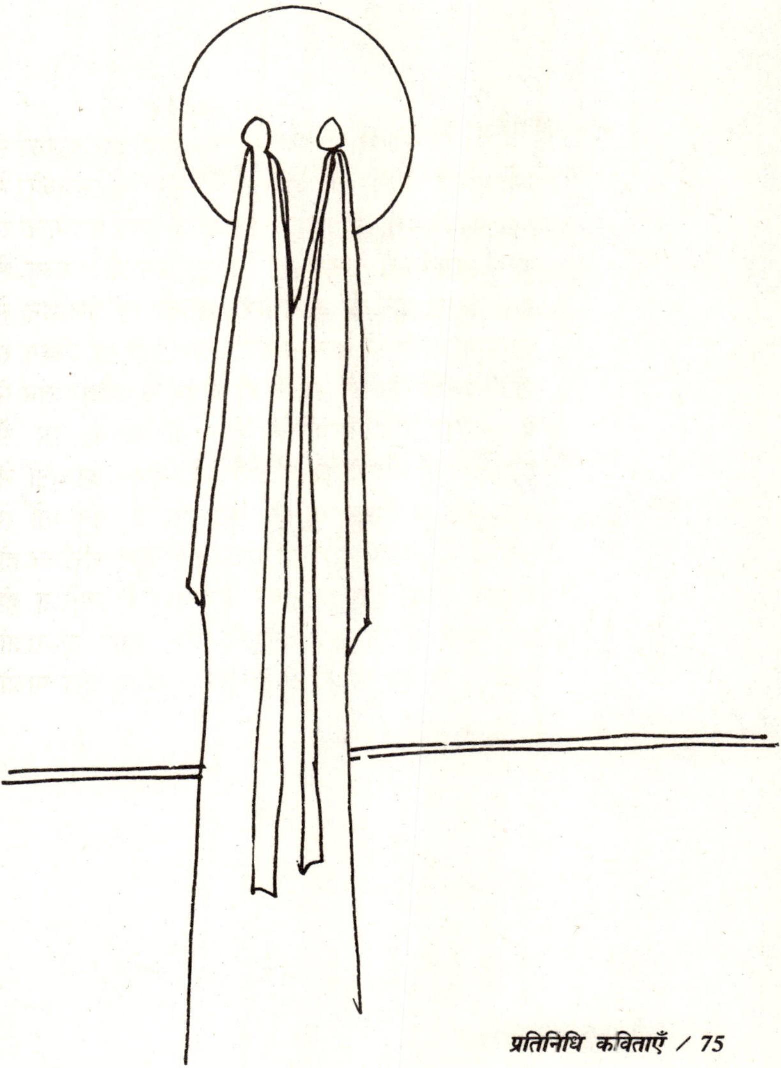

खोल तू अब भी आँखें खोल!
जीवन-उदधि हिलोरें लेता उठतीं लहरें लोल।

छबि की किरणों से खिल जा तू,
अमृत-झड़ी सुख से झिल जा तू।
इस अनंत स्वर से मिल जा तू वाणी में मधु घोल।

जिससे जाना जाता सब यह,
उसे जानने का प्रयत्न! अह!
भूल अरे अपने को मत रह जकड़ा, बंधन खोल।

खोल तू अब भी आँखें खोल!

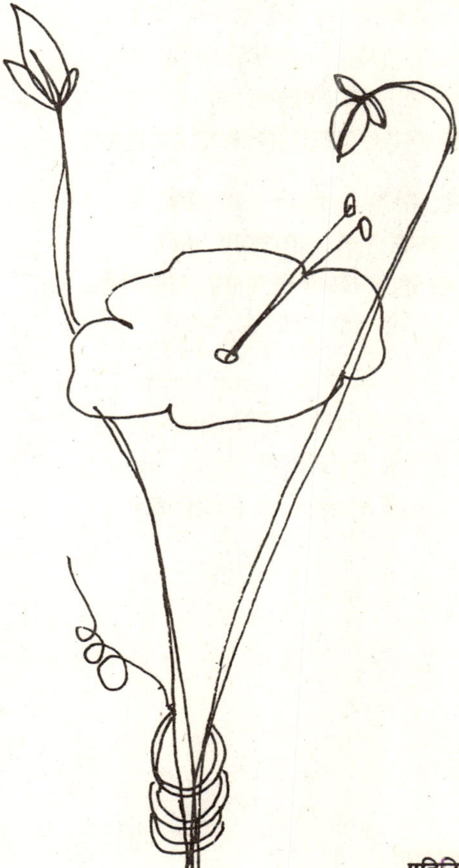

जीवन में उजियाली है।

यह किरणों की कोमल धारा–
बहती ले अनुराग तुम्हारा–
फिर भी प्यासा हृदय हमारा–
व्यथा घूमती मतवाली है।

हरित दलों के अंतराल से–
बचता-सा इस सघन जाल से–
यह समीर किस कुसुम-बाल से–
माँग रहा मधु की प्याली है।

एक घूँट का प्यासा जीवन–
निरख रहा सबको भर लोचन।
कौन छिपाये है उसका धन–
कहाँ सजल वह हरियाली है।

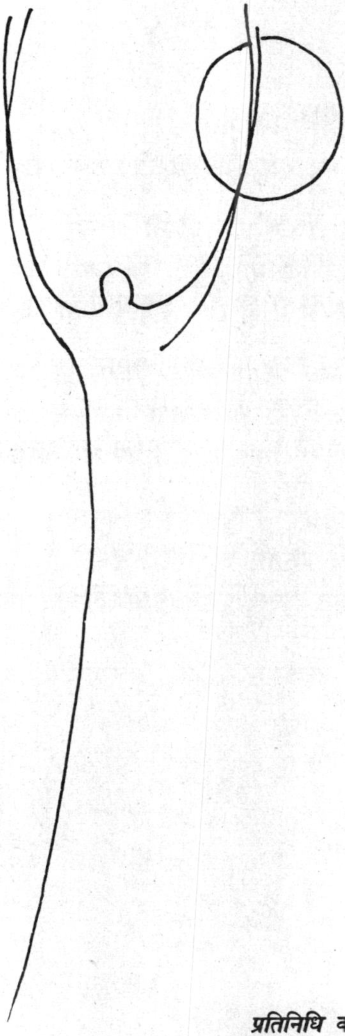

जलधर की माला

घुमड़ रही जीवन-घाटी पर—जलधर की माला।

आशा-लतिका कँपती थरथर—
गिरे कामना-कुंज हहरकर
अंचल में है उपल रही भर—यह करुणा-बाला।

यौवन ले आलोक किरन की
डूब रही अभिलाषा मन की
क्रंदन चुंबित निठुर निधन की—बनती वनमाला।

अंधकार गिरि-शिखर चूमती—
असफलता की लहर घूमती
क्षणिक सुखों पर सतत झूमती—शोकमयी ज्वाला।

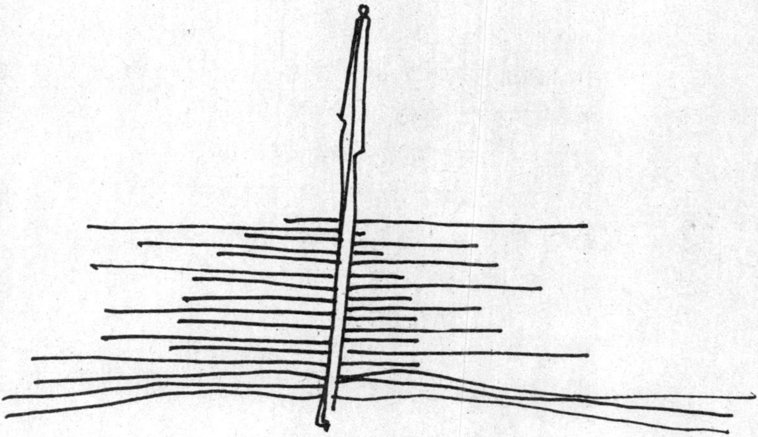

तुम कनक किरण के अंतराल में
लुक-छिपकर चलते हो क्यों
नत मस्तक गर्व वहन करते
यौवन के घन, रस कन ढरते
हे लाज भरे सौंदर्य
बता दो मौन बने रहते हो क्यों
अधरों के मधुर कगारों में
कल-कल ध्वनि की गुंजारों में
मधुसरिता-सी यह हँसी तरल
अपनी पीते रहते हो क्यों
बेला विभ्रम की बीत चली
रजनीगंधा की कली खिली
अब सांध्य-मलय-आकुलित
दुकूल कलित हो, यों छिपते हो क्यों

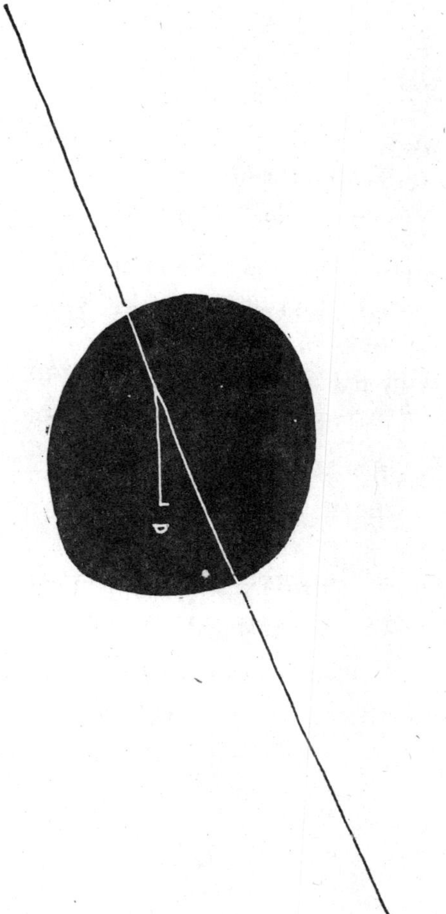

अरुण यह मधुमय देश हमारा
जहाँ पहुँच अनजान क्षितिज को मिलता एक सहारा

सरस तामरस गर्भ विभा पर—नाच रही तरुशिखा मनोहर
छिटका जीवन हरियाली पर—मंगल कुंकुम सारा

लघु सुरधनु से पंख पसारे शीतल मलय समीर सहारे
उड़ते खग जिस ओर मुँह किए—समझ नीड़ निज प्यारा

बरसाती आँखों के बादल—बनते जहाँ भरे करुणा जल
लहरें टकरातीं अनंत की—पाकर जहाँ किनारा

हेम-कुंभ ले उषा सवेरे—भरती ढुलकाती सुख मेरे
मदिर ऊँघते रहते जब—जगकर रजनी-भर तारा

प्रथम यौवन-मदिरा से मत्त, प्रेम करने की थी परवाह
और किसको देना है हृदय, चीन्हने की न तनिक थी चाह
बेच डाला था हृदय अमोल, आज वह माँग रहा था दाम
वेदना मिली तुला पर तोल, उसे लोभी ने ली बेकाम
उड़ रही है हृत्पथ में धूल, आ रहे हो तुम बे परवाह
करूँ क्या दृग-जल से छिड़काव, बनाऊँ मैं यह बिछलन राह
सँभलते धीरे-धीरे चलो, इसी मिस तुमको लगे बिलंब
सफल हो जीवन की सब साध, मिले आशा को कुछ अवलंब
विश्व की सुषमाओं का स्रोत, बह चलेगा आँखों की राह
और दुर्लभ होगी पहचान, रूप-रत्नाकर भरा अथाह

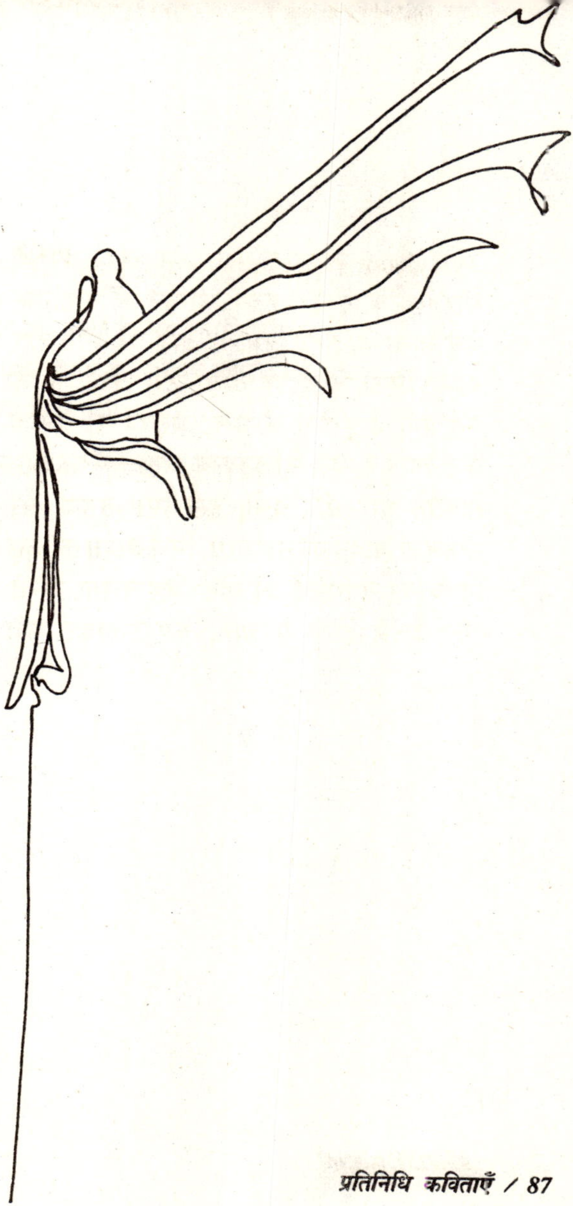

आज इस यौवन के माधवी कुंज में कोकिल बोल रहा !

मधु पीकर पागल हुआ, करता प्रेम-प्रलाप,
शिथिल हुआ जाता हृदय, जैसे अपने आप !
लाज के बंधन खोल रहा !

विछल रही चाँदनी, छवि-मतवाली रात,
कहती कंपित अधर से, बहकाने की बात।
कौन मधु-मदिरा घोल रहा ?

सुधा-सीकर से नहला दो

लहरें डूब रही हों रस में
रह न जायँ वे अपने वश में
रूप-राशि इस व्यथित हृदय-सागर को—बहला दो

अंधकार उजला हो जाए,
हँसी हंसमाला मँड़राए,
मधुरा का आगमन कलरवों के मिस—कहला दो
सुधा सीकर से नहला दो

मधुप कब एक कली का है

पाया जिसमें प्रेम रस, सौरभ और सुहाग
बेसुध हो उस कली से, मिलता भर अनुराग
बिहारी कुंजगली का है

कुसुम धूल से धूसरित, चलता है उस राह
काँटों में उलझा तदपि, रही लगन की चाह
बावला रंगरली का है

हो मल्लिका, सरोजिनी, या यूथी का पुंज,
अलि को केवल चाहिए, सुखमय क्रीड़ा-कुंज
मधुप कब एक कली का है

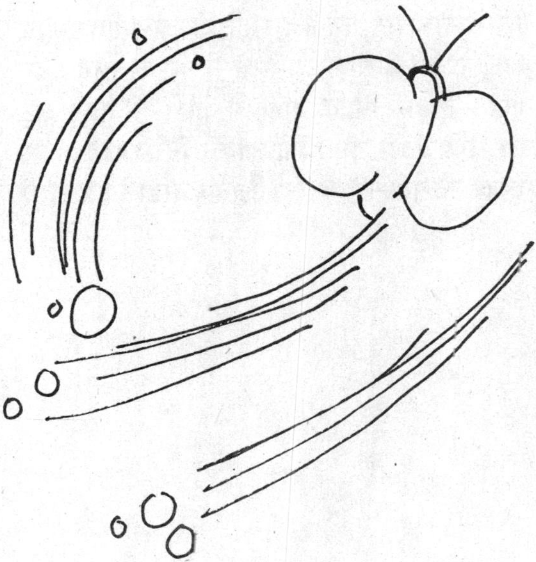

ओ मेरी जीवन की स्मृति ! ओ अंतर के आतुर अनुराग
बैठ गुलाबी विजन उषा में गाते कौन मनोहर राग
चेतन सागर उर्मिल होता यह कैसी कंपनमय तान
यों अधीरता से न मींड़ लो अभी हुए हैं पुलकित प्रान
कैसा है यह प्रेम तुम्हारा युगल-मूर्ति की बलिहारी
यह उन्मत्त विलास बता दो कुचलेगा किसकी क्यारी
इस अनंत निधि के हे नाविक, हे मेरे अनंग अनुराग
पाल सुनहला बन, तनती है, स्मृति यों उस अतीत में जाग
कहाँ ले चले कोलाहल से मुखरित तट को छोड़ सुदूर
आह ! तुम्हारे निर्दय डाँडों में होती हैं लहरें चूर
देख नहीं सकते तुम दोनों चकित निराशा है भीमा
बहको मत क्या न है बता दो क्षितिज तुम्हारी नव सीमा

हिमाद्रि तुंग शृंग से
प्रबुद्ध शुद्ध भारती—
स्वयंप्रभा समुज्ज्वला
स्वतंत्रता पुकारती—
अमर्त्य वीरपुत्र हो, दृढ़-प्रतिज्ञ सोच लो
प्रशस्त पुण्य पंथ है—बढ़े चलो, बढ़े चलो
असंख्य कीर्ति-रश्मियाँ,
विकीर्ण दिव्य दाह-सी।
सपूत मातृभूमि के—
रुको न शूर साहसी
अराति सैन्य सिंधु में—सुबाड़वाग्नि-से जलो।
प्रवीर हो जयी बनो—बढ़े चलो, बढ़े चलो।।

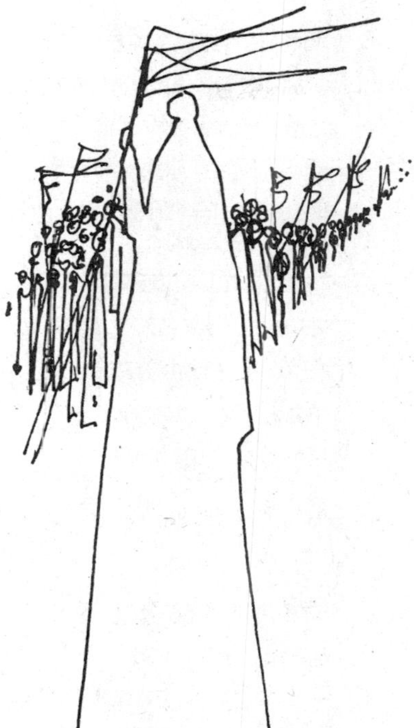

सखे! वह प्रेममयी रजनी
आँखों में स्वप्न बनी
सखे! वह प्रेममयी रजनी

कोमल द्रुमदल निष्कंप रहे
ठिठका-सा चंद्र खड़ा
माधव सुमनों में गूँथ-रहा
तारों की किरन-अनी
सखे! वह प्रेममयी रजनी

नयनों में मदिर विलास लिये
उज्ज्वल आलोक खिला
हँसती-सी सुरभि सुधार रही
अलकों की मृदुल अनी
सखे! वह प्रेममयी रजनी

मधु-मंदिर-सा यह विश्व बना
मीठी झनकार उठी
केवल तुमको थी देख रही—
स्मृतियों की भीड़ घनी।
सखे! वह प्रेममयी रजनी।

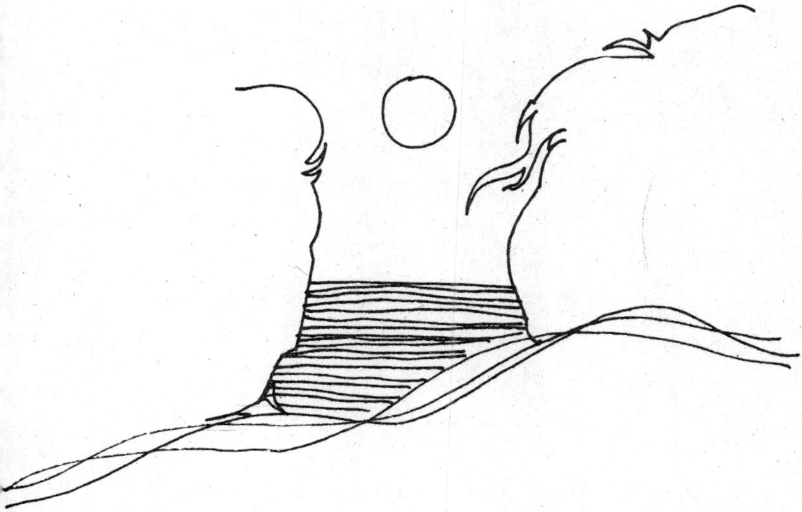

यह कसक अरे आँसू सह जा।
बनकर विनम्र अभिमान मुझे
मेरा अस्तित्व बता, रह जा।
बन प्रेम छलक कोने कोने
अपनी नीरव गाथा कह जा।
करुणा बन दुखिया वसुधा पर
शीतलता फैलाता बह जा।

यौवन ! तेरी चंचल छाया
इसमें बैठ घूँट भर पी लूँ जो रस तू है लाया
मेरे प्याले में मद बनकर कब तू छली समाया
जीवन-वंशी के छिद्रों में स्वर बनकर लहराया
पल भर रुकनेवाले ! कह तू पथिक ! कहाँ से आया
यौवन तेरी चंचल छाया

अस्ताचल पर युवती संध्या की खुली अलक घुँघराली है
लो; मानिक मदिरा की धारा अब बहने लगी निराली है

भर ली पहाड़ियों ने अपनी झीलों की रत्नमयी प्याली
झुक चली चूमने वल्लरियों से लिपटी तरु की डाली है

यह लगा पिघलने मानिनियों का हृदय मृदु प्रणय-रोष भरा
वे हँसती हुई दुलार-भरी मधु लहर उठानेवाली हैं

भरने निकले हैं प्यार-भरे जोड़े कुंजों की झुरमुट से
इस मधुर अँधेरे में अब तक क्या इनकी प्याली खाली है

भर उठीं प्यालियाँ, सुमनों ने सौरभ मकरंद मिलाया है
कामिनियों ने अनुराग-भरे अधरों से उन्हें लगा ली है

वसुधा मदमाती हुई उधर आकाश लगा देखो झुकने
सब झूम रहे अपने सुख में तूने क्यों बाधा डाली है

निकल मत बाहर दुर्बल आह
लगेगा तुझे हँसी का शीत
शरद नीरद माला के बीच
तड़प ले चपला-सी भयभीत

पड़ रहे पावन प्रेम-फुहार
जलन कुछ-कुछ है मीठी पीर
सम्हाले चल कितनी है दूर
प्रलय तक व्याकुल हो न अधीर

अश्रुमय सुंदर विरह निशीथ
भरे तारे न ढुलकते आह
न उफना दे आँसू हैं भरे
इन्हीं आँखों में उनकी चाह

काकली-सी बनने की तुम्हें
लगन लग जाय न हे भगवान्
पपीहा का पी सुनता कभी!
अरे कोकिल की देख दशा न;

हृदय है पास, साँस की राह
चले आना-जाना चुपचाप
अरे छाया बन, छू मत उसे
भरा है तुझमें भीषण ताप

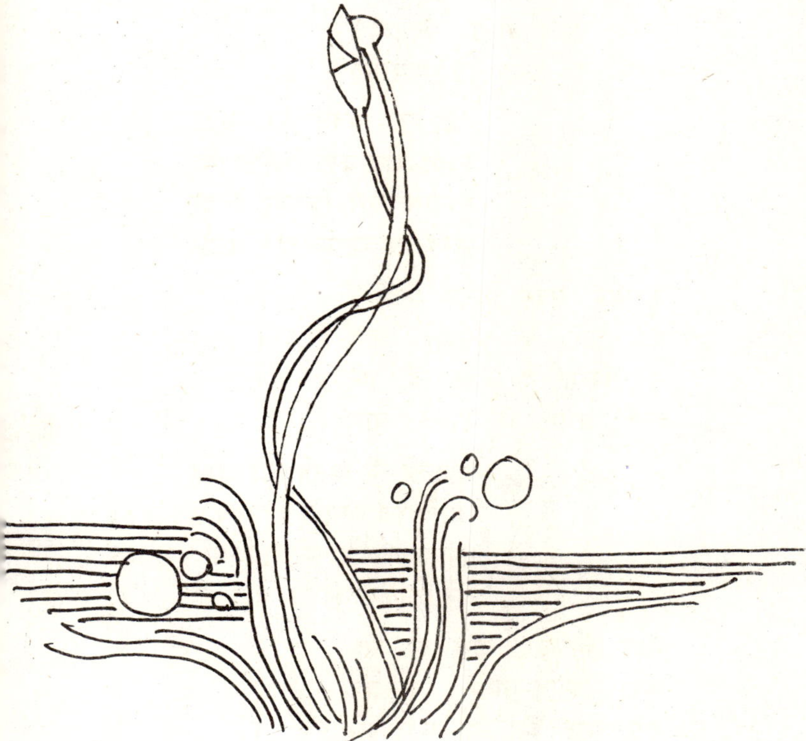

हिलाकर धड़कन से अविनीत
जगा मत सोया है सुकुमार
देखता है स्मृतियों का स्वप्न
हृदय पर मत कर अत्याचार

• • •